✲ un petit livre d'argent ✲

Nénuphar
le chimpanzé

Texte et Illustrations de Romain Simon

« Bonjour ! Voici Nénuphar. Il voyage à travers le monde et il vient d'arriver en France. Il emporte avec lui baluchon et chapeau de papier. »

Nénuphar est fatigué ; il voudrait se reposer pour la nuit.
« Bonsoir, monsieur l'hôtelier. Avez-vous une chambre à louer ? Je suis un chimpanzé très sage.
– Entrez, entrez, et montez vous installer ! »

Nénuphar grimpe l'escalier, poursuivi par un gros chat noir.
« Veux-tu filer, vilain matou ? » crie le chimpanzé en colère. Mais le chat se met à gronder et à griffer. Nénuphar le coiffe alors de son chapeau de papier.

Bien fait : le matou est aveuglé !

Après s'être débarbouillé, le chimpanzé descend à la salle à manger.
« Monsieur Nénuphar, voici le dîner. »

Mais le singe se met à jongler avec une cuiller, un verre et une assiette. Le maître d'hôtel n'a jamais vu un client aussi dissipé.

Il est tard, Nénuphar va dormir. Avec son beau chapeau, il coiffe la chandelle. Mais le chapeau de papier ne tarde pas à s'enflammer.

Vite, il faut éteindre l'incendie ! Ouf ! Sauvé ! Mais le chapeau est détruit. Nénuphar se glisse sous l'édredon et s'endort en souriant.

Dès son réveil, Nénuphar fait sa toilette. Il se frotte en chantant, puis, pour passer le temps, fait cent bulles de savon.

Nénuphar voudrait travailler, mais ne connaît aucun métier. Il va acheter un journal pour s'en faire un nouveau chapeau.
« Ainsi, pense le chimpanzé, je serai bien habillé ! »

Puis, pour son déjeuner, il dévore, de bon appétit, une dizaine de croissants.

Après avoir longtemps cherché, Nénuphar a enfin trouvé un métier. Il sera peintre en bâtiment. Il s'en va donc, son échelle sur l'épaule, portant peinture et pinceaux.

Mais le joyeux chimpanzé, après avoir travaillé, voudrait s'amuser. Sautant, dansant, courant, il couvre les murs et les carrelages de mille et un barbouillages !

« Si j'ajoutais à ce portrait deux bras et deux jambes, ce serait bien plus amusant ! »

Aussitôt dit, aussitôt fait. Voilà un chef-d'œuvre achevé !

« Pourquoi utiliser un pinceau quand on a deux pieds pour peindre ? »

Nénuphar fait de jolies taches sur le mur du salon !

Et maintenant, un peu d'exercice ! Hop ! il s'élance, culbute, saute, se rattrape, retombe, rebondit, s'accroche au lustre et… patatras ! tout s'écroule !

« Veux-tu filer, mauvais ouvrier ! Vite, avant de recevoir une correction méritée. »
Nénuphar est triste ! Il ne voulait pas mal faire…

La nuit tombe, il fait froid. Le petit singe aimerait avoir un toit pour s'abriter.

« Ce chien est peut-être gentil. Demandons-lui poliment une place près de lui.
– Monsieur le chien, puis-je dormir cette nuit dans votre niche ? »

Mais le chien ne veut pas partager son lit de paille. « Oh ! le bel os que voilà ! » s'écrie Nénuphar en montrant du doigt un coin sombre.

Le chien s'élance aussitôt, fouille et gratte, tant et si bien qu'il finit par trouver un os. Pendant qu'il le croque, Nénuphar s'installe, à son aise, dans la niche abandonnée. Et le chien, qui n'est pas rancunier, couche sagement dans l'allée.

Le chien se nomme Azor. Nénuphar et lui deviennent vite de bons amis. Ensemble, sur les places publiques, ils font des tours, des équilibres, des jongleries !

Les deux compères dansent si bien que les spectateurs se disent :
« Ce singe et ce chien sont des animaux très savants. »

Mais Nénuphar s'ennuie vite et aime changer de métier. Il achète un vélo et va livrer de grandes piles de journaux.
« Journaux du matin et du soir ! » crie-t-il joyeusement à tous les passants.

Puis il distribue, sans les faire payer, ses petits journaux aux chiens du quartier.

« Tenez, mes amis, amusez-vous, je vous fais cadeau de mes journaux. »

Et lui ne peut résister au plaisir de découper les belles pages imprimées. Il commence à transformer les journaux en ribambelles, avions, chapeaux et bateaux…

Et, pour finir, le chimpanzé confectionne une cocotte immense. En quelques minutes, il plie, taille, coupe et colle… Et hop, il décolle ! En route vers de nouvelles aventures ! Au revoir, Nénuphar !